L'OMBRE

DU BARON DE BATZ

À

M. P....... DE M........

L'OMBRE

DU BARON DE BATZ

A

M. P....... DE M.......,

AU SUJET D'UNE BROCHURE INTITULÉE :

QUELQUES SOUVENIRS, etc.,

DU FILS DE LOUIS XVI.

Dicere verum quid vetat ?

HOR.

PARIS,

CHEZ DUCOLLET, LIBRAIRE,

QUAI DES AUGUSTINS, N° 15.

1833.

NOTE

DE L'ÉDITEUR.

———

Le baron de Batz, issu d'une race très-ancienne et dont on trouve la notice parmi celles des feudataires de la France *, était, avant la révolution, grand sénéchal d'Albret. Elu, par la noblesse de sa province, député aux Etats-Généraux, il fut nommé président de l'un des Comités de l'Assemblée constituante et fit plusieurs rapports sur la dette publique.

Il était maréchal-de-camp et chevalier de l'ordre de Saint-Louis, lorsqu'il mourut, âgé de soixante-sept ans, à sa terre de Chadieu, près de Clermont, (Puy-de-Dôme), le 10 janvier 1822; il n'a point laissé de postérité.

L'un de ses ancêtres, baron de Batz, fut l'un

———

* *Art de vérifier les dates*, in-folio, tome 2, page 281, article LOMAGNE.

des quatre braves qui, en 1577, sauvèrent la
vie à Henri de Bourbon, depuis Henri IV, lors
de l'entrée de ce prince dans la ville d'Eauze,
alors place forte du comté d'Albret *, (Gers).

* *Histoire de la maison de Bourbon*, par Désormeaux, tom. 5,
pages 124 et 422.

Les notes mises au bas des pages suivantes
sont aussi de l'éditeur.

L'OMBRE

DU BARON DE BATZ,

A

M. P....... DE M........

Monsieur,

J'errais sur les bords du Léthé et je voyais s'y précipiter un grand nombre de brochures politiques, littéraires, ou burlesques, dont les auteurs n'avaient eu d'autre désir que de parler d'eux-mêmes, lorsque j'en aperçus une que le fleuve entraînait et dont le titre déjà presque effacé laissait encore lire ces mots : *Quelques souvenirs.......... du fils de Louis XVI.* A ces noms toujours si puissans sur moi, je m'empressai de saisir cet écrit afin de le sauver de l'oubli. Quel fut mon étonnement de n'y trouver que le récit d'une aventure d'après laquelle l'auteur des *Souvenirs* s'est persuadé que dans sa jeunesse il ressemblait au fils de Louis XVI et qu'on l'arrêta croyant se saisir de ce jeune prince ; d'où il conclut que Louis XVII a été enlevé du Temple et qu'il est toujours existant, etc. !

Mais cette brochure est terminée par un paragraphe d'un tout autre caractère et dont le but est de me contester, de nier même, une action dont ma mémoire s'honore, ainsi que de démentir sur ce fait et sur un autre assez important, le biographe de Louis XVII. Cependant, l'auteur de cette brochure n'apporte aucun indice pour justifier des attaques aussi graves : il s'est imaginé apparemment que les habitans des Champs-Elysiens étant voués au silence on l'en croirait sur sa parole ; mais il s'est abusé sur ce dernier point comme sur beaucoup d'autres. Quelques mots et surtout des documens authentiques publiés il y a plus de quinze ans me suffiront pour anéantir ses étranges assertions. Je laisse à l'auteur des *Mémoires historiques sur Louis XVII*, le soin de sa propre défense ; elle sera, je n'en doute pas, péremptoire.

Je ne transcrirai donc, tout à l'heure, mais littéralement, que le passage qui me touche dans ce paragraphe et que je veux réfuter :

L'auteur des *Souvenirs*, après une sortie en termes inconvenans contre MM. de Saint-Gervais et Eckard qui ont démontré, (nous en avons ici la preuve incontestable), que Louis XVII n'est plus dans le monde terrestre et que soutenir le contraire, c'est une imposture de la part des uns et chez les autres une chimère, cet écrivain, dis-je, continue en ces termes :

« Ce que je ne puis passer sous silence, ce sont les pré-
» tendus morts et blessés * le 21 janvier 1793, près la
» porte Saint-Denis , lors de l'attaque prétendue de l'es-
» corte qui accompagnait le Roi, laquelle attaque aurait
» été dirigée par M. Batz, demeurant à Chadieu (Puy-
» de-Dôme), lesquels morts et blessés n'ont existé que
» dans l'imagination de M. Eckard, qui a voulu faire sa
» cour et pousser ses amis..... Une tentative devait effec-
» tivement avoir lieu à cette époque, mais sous la direc-
» tion de M. Prousteau de Mont-Louis, vivant et demeu-
» rant présentement boulevard Beaumarchais, n° 83 *bis*,
» alors lieutenant de la garde nationale de Paris, qui
» s'était adjoint des hommes de cœur et dévoués.......
» ces braves ne purent rien entreprendre, n'étant pas
» assez nombreux. » (pages 34 et 35.)

Je connaissais, Monsieur, par les *Mémoires historiques sur Louis XVII*, la conduite honorable que vous avez tenue au Temple, le jour où vous y fûtes envoyé auprès de ce prince, en qua-

---

* Ces blessés sont une invention de l'auteur des *Souvenirs;* M. Eckard parle seulement de deux hommes tués.

lité de commissaire de votre section. L'auteur des *Souvenirs* m'apprend, en outre, que vous deviez faire une tentative pour délivrer Louis XVI, le 21 janvier; je l'ignorais, et je regrette beaucoup de n'avoir pas eu l'occasion de réunir mes moyens aux vôtres, en ce jour néfaste, ou plus tard, celle de m'en entretenir avec vous. Cette pensée était également venue à quelques autres personnes qui m'en ont parlé, non pas à cette époque, mais depuis le retour de Louis XVIII. J'ai même ouï dire que l'une d'elles avait présenté à ce monarque un exposé de ce qu'elle avait projeté d'entreprendre ; et que ses démarches auprès de ce prince n'eurent aucun succès. Quant à moi, je le redis hautement ici : « j'ai tenté cette délivrance. » Suivi de trois braves, nous nous sommes élancés vers la voiture arrivant à la porte Saint-Denis, et, brandissant nos sabres, nous nous sommes écriés : « A nous, Français, » à nous, ceux qui veulent sauver leur roi ! » Aucun autre des conjurés, en assez grand nombre, qui m'avaient formellement promis de me seconder, ne répondit à cet appel, empêchés qu'ils furent, sans doute, par des obstacles invincibles, ou découragés par les mesures et l'appareil formidable que les Comités de la Convention déployèrent en cette journée.

C'est l'honneur de ce trait de dévoûment que l'auteur des *Souvenirs* voudrait me ravir par une dénégation tranchante. Mais nier, sans prouver, c'est la ressource de la déraison, ou de la mauvaise foi; surtout, lorsque l'ouvrage dans lequel il a lu le récit de mon action en contient aussi les pièces justificatives, dont il s'est bien gardé de parler. Il y a plus, et j'aime à le croire, Monsieur, que s'il vous eût communiqué le paragraphe dont je me plains, vous lui auriez indiqué ces pièces qui vous sont bien connues, sans doute, puisqu'elles sont insérées dans ce même ouvrage, où vous avez relu la mention de vos dignes soins pour le fils de Louis XVI. Toutefois, comme les *Mémoires historiques* sur ce prince ne sont, peut-être, plus en vos mains, que celui qui a écrit les *Souvenirs* m'est inconnu et qu'il se présente comme interprète de votre réclamation, je vais reproduire ces documens. Ils ne m'ont pas été procurés en ce moment et pour la discussion actuelle, mais ils ont été recueillis, il y a près de quarante ans, par les Comités de salut public et de sûreté générale de la Convention et par des hommes le plus à portée d'être bien informés de l'événement. Ces pièces prouvent, sans réplique, jusqu'à quel point ma tentative, le

21 janvier 1793, et celle du mois de juin suivant pour enlever le fils de Louis XVI et les princesses de la prison du Temple, ont été effectuées. Ah! dans ce temps de terreur, si je fusse parvenu dans la Tour, jusqu'aux pieds de Marie-Antoinette captive, heureusement inspiré, j'aurais pu lui dire : « Madame.... votre fils est » mon roi!... » et Louis XVII eût été délivré! *

Les originaux des pièces que j'invoque existent dans un dépôt public et les expéditions légales qui m'en ont été délivrées sont dans les archives de ma famille.

EXTRAIT du Greffe du Tribunal révolutionnaire établi à Paris par la Loi du 10 mars 1793. **

Procès instruit à la requête de l'Accusateur public contre les complices de Batz, et de la conspiration de l'étranger.

Le Comité de Sûreté générale et de Surveillance de la Convention nationale,

Du trois floréal (22 avril 1794) an second de la République une et indivisible.

A l'Accusateur public près le Tribunal révolutionnaire.

Le Comité t'enjoint de redoubler d'efforts pour dé-

---

* Paroles mémorables de M. de Châteaubriand; page 120 de de son *Mémoire sur la captivité de Madame la duchesse de Berri*. Décembre 1832.

** On donne seulement ici les passages qui concernent la dis-

couvrir l'infâme *Batz*. Souviens-toi, dans tes interrogatoires, que ses relations s'étendent partout et jusque
dans les maisons d'arrêt; que ce *Catilina* a été constam-
ment l'âme de tous les complots contre la liberté et la
représentation nationale; qu'après avoir professé la
tyrannie dans la Constituante, il tenait, à Paris et à
Charonne, le Comité autrichien dirigé par la femme du
tyran; « *que pour sauver Capet, il était des quatre*
» *qu'on entendit sur le boulevard, le 21 janvier, criant :*
» *A nous, ceux qui veulent sauver le Roi;* » que par
les scélérats Michonis et Cortey * il a été au moment
d'enlever la famille Capet, au Temple, où ledit Cortey
l'introduisit, comme de sa compagnie et de la garde, et
où, sans Simon, leurs infâmes complices, pour la plupart
encore inconnus, se seraient trouvés avoir les postes de
l'escalier de la Tour; que ce scélérat est d'autant plus
dangereux, qu'il nous dérobe encore le fil de ses cor-
respondances.

Ne néglige, dans tes interrogatoires, aucun indice;
n'épargne aucune promesse pécuniaire ou autre; de-
mande-nous la liberté de tout détenu qui promettra de
le découvrir ou de le livrer mort ou vif, ainsi que de
ceux par qui on pourrait l'atteindre, en se mettant, à
leur insu, sur leurs pas; répète qu'il est hors la loi, que
sa tête est à prix **; que son signalement est partout,

cussion actuelle; ces pièces sont transcrites, en entier, dans la
3e édition des *Mémoires historiques sur Louis XVII.*

* Ils furent du nombre des victimes qui périrent le 29 prairial
an 2 (17 juin 1794).

** On assure que les Comités promirent 300,000 fr. à qui leur
livrerait M. de Batz vivant.

qu'il ne peut échapper, que tout sera découvert, et qu'il n'y aura pas de grâce pour ceux qui , ayant pu l'indiquer, ne l'auront pas fait. C'est te dire que nous voulons, à tout prix, ce scélérat, et que le Comité compte sur toi essentiellement. Consulte la note ci-jointe, elle t'éclairera.

Les Membres du Comité de Surveillance et de Sûreté générale de la Convention nationale ,

Signé , *Vouland, Jagot, Louis,* (du Bas-Rhin), *Élie Lacoste, Amar, Vadier* et *La Vicomterie.*

COMITÉ DE SALUT PUBLIC.

Vingt-cinq prairial an 2.

Au Citoyen Fouquier, Accusateur public au Tribunal révolutionnaire.

CITOYEN,

Le Comité te demande d'interroger de nouveau Devaux, secrétaire de Batz *, sur le Comité autrichien et sur ce fait qui vient de nous être prouvé, que Devaux était avec Batz, des quatre qui, passant armés de sabres, derrière les rangs, quand Capet allait au supplice, criaient : *A nous, ceux qui veulent sauver le Roi.*

Châtelet ** a reconnu hier soir à la Conciergerie, entre les détenus, Devaux pour celui d'entre eux à qui il parla. Tu es autorisé à offrir pardon à Devaux, s'il in-

---

* J. L. Michel Devaux, était aussi Commissaire de la Section de Bonne-Nouvelle. On l'arrêta. Malgré toutes les promesses qu'on lui fit, il garda le secret, et fut du nombre des victimes envoyées à l'échafaud le 17 juin 1794. Il était âgé de 29 ans.

** L'un des Jurés du Tribunal révolutionnaire.

dique où est caché Batz ; tu enverras tout de suite au Comité, l'interrogatoire, et tu viendras ce soir.

Salut et fraternité.

Signé, *Collot-d'Herbois* et *Billaud-Varennes*, avec paraphe.

INTERROGATOIRE DE DEVAUX.

Demande. Devaux, persistez-vous à nier que vous n'avez pas eu connaissance du Comité autrichien qui se tenait chez Batz, dont vous étiez alors secrétaire ? — R. Je persiste à soutenir que s'il y a eu un Comité autrichien chez Batz, je n'en ai eu aucune connaissance...... — D. Connaissiez-vous Cortey, Capitaine de la section Le Pelletier ? — R. Oui. — D. Étiez-vous de ceux qui, avec l'infâme Batz, deviez monter la garde dans le Temple, et avec quels desseins? — R. Je n'étais pas de la section Pelletier, et je ne pouvais point aller avec Cortey; si Batz a eu des desseins, je les ignore. — D. N'étiez-vous pas sur le Boulevard, quand Louis Capet passa pour aller subir le juste châtiment de ses crimes? — R. Oui. — D. Où étiez-vous? — R. Au poste qui m'avait été indiqué. — D. Niez-vous que le citoyen Châtelet ne vous ait vu et parlé derrière les rangs, armé d'un sabre et non d'une pique? — R. Je me rendais à mon poste. — D. N'étiez-vous pas avec Batz? — R. Je le rencontrai. — D. Vous traversâtes avec lui les Boulevards, malgré la défense? — R. J'ignorais la défense. — D. Prenez garde de dire la vérité ; vous criâtes : *A nous, ceux qui veulent sauver leur Roi;* Châtelet vous entendit? — R. Ce n'est pas moi, c'est Batz. — D. Qui était avec lui? —

ʀ. Je ne connus que la Guiche *. — ᴅ. Dites la vérité ;
dites où est caché Batz, et vous serez pardonné. — ʀ. Je
suis innocent, et ne sais où est Batz.

Lecture faite, a persisté et a signé, *Devaux.*

Conforme à l'original envoyé au Comité de Salut public, sur son ordre, du dernier interrogatoire du pré-
venu Devaux. Signé, *A. Q. Fouquier.*

COMITÉ DE SALUT PUBLIC.

Du 28 Prairial an 2 (16 juin) de la République, etc.

Le Comité de Salut public entend que l'Accusateur
public insiste fortement sur le but où tendaient tant d'as-
semblées tenues chez l'ex-Baron de Batz ; savoir, l'évasion
de la Famille Capet, du Temple, et d'Antoinette, de la
Conciergerie : faits si parfaitement prouvés.

Supprimer les détails du grand projet que fit échouer
Simon, de Batz et de ses complices, que le capitaine
Cortey avait compris dans sa compagnie, dans son jour
de garde au Temple, et à qui il devait confier les postes
de la Tour et de l'escalier ; détails à omettre pour ne pas
suggérer de tels moyens publiquement ; mais dire le fond
sans les moyens.

Rétablir, dans le réquisitoire, Marino, Froidure,
Soulès, Administrateurs de Police, qui, avec Michonis,
livraient le Temple à l'or de Batz.

Ne point parler du jardinier de Charonne, en qui
Batz se confie.

---

* Si Devaux a réellement dicté ce nom , c'est par erreur ; ou
bien, dans la persuasion, commune alors, que M. de la Guiche
était hors de France, il ne fit cette concession qu'afin d'être cru
sur ses autres déclarations.

Ne pas mettre encore en jugement l'ex-Marquis de la Guiche*, quoique porté dans le décret d'avant-hier 26; mais y laisser Rohan-Rochefort, Saint-Maurice, Laval-Montmorency, Sombreuil et son fils, l'ex-Vicomte de Pons, et Noël, secrétaire d'Ambassade, *pour être* CONDAMNÉS *demain.* **

Collationné, délivré par le Chef des Archives, Dépositaire de la section judiciaire.

Signé, TERRASSE.

Certes, Monsieur, vous l'avouerez, il est impossible de produire des témoignages nombreux plus positifs, plus concordans et plus authentiques sur la tentative que mes infortunés compagnons et moi nous avons exécutée, le 21 janvier 1793, pour sauver Louis XVI.

Ainsi, l'imputation odieuse que l'écrivain du pamphlet voudrait faire planer sur moi, d'en avoir imposé sur ce fait honorable, retombe entièrement sur lui. Il y a plus; de nouveaux efforts pour me le contester ne serviraient qu'à

---

* Amable-Charles, Marquis de la *Guiche-Sivignon*, Colonel du Régiment de Bourbon-Dragons, était l'un des plus riches Seigneurs de la Cour. Le nom de la *Guiche* étant trop connu, il ne portait que son surnom de *Sivignon*; reconnu, il fut arrêté et le bruit se répandit qu'il était sorti du royaume. S'il fut excepté de l'horrible journée du 17 juin, ce fut, apparemment, parce qu'on espérait d'en obtenir des révélations : ce but manqué, on l'immola le 27 du même mois.

** Ils périrent, au nombre de soixante, le 17 juin 1794.

2

le mettre dans un plus grand jour, et à montrer combien l'envie est aveugle et impuissante. Je m'abstiens donc de toute autre réflexion à ce sujet.

Mais ce qui n'est pas moins étrange, c'est de voir cet écrivain prétendre que M. Eckard a voulu, en racontant mon action, pousser ses amis.

Il est vrai que le compte exact rendu par l'auteur des *Mémoires historiques*, de ma conduite pendant la matinée du 21 janvier, m'a valu les suffrages d'hommes courageux dans toutes les opinions; mais en avais-je besoin pour être *poussé* ? Si j'eusse voulu l'être, je me serais présenté avec les pièces qu'on vient de lire, et beaucoup d'autres titres encore, tous déjà bien connus. Mais, non; toute ma vie et toute ma fortune ont toujours été employées à prouver ma fidélité et mon dévoûment désintéressé à Louis XVI et aux Princes de la branche aînée de sa maison *.

Pendant que j'écrivais ceci, Monsieur, j'ai vu l'ombre de Louis XVII parcourir rapidement les *Souvenirs* et s'éloigner en souriant.

* On lit, dans un journal écrit de la main de Louis XVI, à la date du 1er juillet 1792 : « Retour et parfaite conduite de M. de » Batz à qui je redois cinq cent douze mille livres. »

REPONSE DE L'AUTEUR

DES MÉMOIRES HISTORIQUES.

L'auteur des *Souvenirs* soutient qu'en 1824, il eut le bonheur de voir Louis XVII, et que c'est le même personnage qui a écrit et publié les *Mémoires*, si véridiques, *du duc de Normandie, fils de Louis XVI :* * suivant lui, ce seraient toutes choses avérées. Je ne rentrerai point dans cette discussion.

Néanmoins, comme « il n'y aurait rien d'étonnant, ajoute-t-il, à ce que quelqu'un, après avoir « lu et médité les *Souvenirs*, » poussât le scepticisme jusqu'à ranger encore au nombre des idées chimériques celle de l'existence de Louis XVII **, » cet auteur s'est avisé, pour imposer silence à tout contradicteur, d'un expédient nouveau et qu'on sera curieux de connaître.

« Je voudrais alors, dit cet écrivain, qu'il se gardât » bien de coucher aucun nom propre sur le papier, à

* * *

* *Quelques souvenirs destinés à servir de complément aux preuves de l'existence du duc de Normandie, fils de Louis XVI. Par M. Morin de Guérivière. In-8. Pages 3 et 28.*

** *Page 29.*

2.

» moins qu'il ne consentît à voir renverser, dès le len-
» demain de la publication de sa brochure, toutes ses
» petites combinaisons machiavéliques, et à essuyer les
» réclamations foudroyantes, non-seulement de la per-
» sonne imprudemment mise en scène, mais encore des
» parens, alliés, descendans, amis et voisins d'icelle,
» j'ai presque dit les réclamations de ceux mêmes qui ne
» l'ont jamais connue. Il faut l'avouer, il y aurait plus
» que de la maladresse à jouer ainsi d'un seul coup de
» dé sa réputation d'auteur consciencieux. » (Page 29.)

Etrange manifeste! L'auteur des *Souvenirs*
nomme tous ceux qu'il contredit si inconsidé-
rément et il craint d'être nommé dans la discussion à laquelle il a prévu que sa brochure don-
nerait lieu! Toutefois, je veux bien y avoir
égard, parce qu'il s'agit de faits et non des
personnes. Mais qu'il sache que dans un écrit
polémique on doit rapporter des preuves de ce
qu'on avance contre un fait notoire, ou le texte
qu'on attaque. C'est pour s'être dispensé de ce
devoir, au moyen duquel, dans la circonstance
actuelle, il aurait, il est vrai, démenti lui-
même ses allégations, que je suis dans la néces-
sité de repousser les traits que cet écrivain a
dirigés contre quelques endroits de mes écrits.
Quant aux soupçons injurieux, ils ne peuvent
atteindre, ni intimider un auteur consciencieux.

Celui des *Souvenirs* a mis le comble à ses aménités envers ceux qui n'adoptent point ses visions, en écrivant le paragraphe suivant, (page 24.)

« Je pourrais citer, à l'appui de ce que je viens dire,
» les erreurs grossières et patentes remarquées par des
» contemporains dans des écrits publiés en 1818, 1831
» et 1832, par MM. Eckard et Saint-Gervais, et dont
» on a soupçonné la source..... Ces écrivains se sont bien
» gardés, et pour cause, de nommer les véritables au-
» teurs des désastres de la Famille royale..... Ces artisans
» de tant et tant de forfaits étaient trop haut placés, et
» on attendait sans doute la récompense de cet oubli
» volontaire..... »

Ici, se trouve le fragment cité plus haut, (page 9) et réfuté par M. de Batz.

Le paragraphe est terminé en ces termes :

« Dans un passage de la brochure de M. Eckard, publiée
» en 1832, il dit, page 25 : que M. Prousteau de Mont-
» Louis, présent au moment où l'on procédait à l'autop-
» sie du cadavre de l'enfant mort au Temple le 8 janvier
» 1795, aurait attesté reconnaître ledit enfant pour le
» dauphin, qu'il connaissait parfaitement pour l'avoir vu
» souvent à la cour et aux Tuileries............ M. Prous-
» teau de Mont-Louis, à qui j'ai communiqué mes ob-
» servations à cet égard, a positivement déclaré ne s'être
» point trouvé présent à ladite opération, et n'avoir non
» plus vu ledit enfant après sa mort..... Que devient,
» dans ce cas, l'échafaudage d'absurdités, bâti à grands

*

» frais, par M. Eckard et autres, au sujet de ce prince
» infortuné?..... »

Les *erreurs grossières* et les *absurdités* remarquées dans mes écrits par l'auteur des *Souvenirs*,
se réduiraient donc à un seul passage de celui
publié en 1832 : c'est avouer son impuissance
d'en signaler aucun autre. Ainsi, en justifiant
que l'interprétation qu'il lui a donnée est encore le produit de l'imagination de cet écrivain,
on jugera du vague de ses déclamations, et du
mérite de toutes ses autres assertions.

Puisqu'il a su découvrir que j'ai avancé que
M. de Mont-Louis était présent à l'autopsie et
qu'il avait vu ce prince après sa mort, il aurait
dû citer mes expressions afin de mettre le lec-
teur à même de juger le débat. Je vais suppléer
à cette réticence perfide en reproduisant le passage en entier. Je ferai observer, d'abord, qu'à
la page 21 de cet écrit intitulé : *Un dernier mot
sur Louis XVII,* etc. *, j'ai nommé les méde-
cins, le commissaire et les gardiens présens à
l'autopsie, mais nullement M. de Mont-Louis;
en second lieu, qu'à la page 23, j'ai dit que
M. Damont, commissaire de service, le jour
de la mort, avait, suivant les ordres du Comité
de Sûreté générale, fait dresser avant l'enlève-

* Chez Ducollet, libraire, quai des Augustins.

ment du corps, par le commissaire civil de la section du Temple, un procès-verbal signé par le plus grand nombre des officiers et sous-officiers de garde à la Tour et qui constate qu'ils ont reconnu le corps pour être celui du *Dauphin*, fils de Louis XVI; mais que je n'ai point désigné M. de Mont-Louis comme y ayant concouru, ou vu ce prince après sa mort.

Maintenant, voici le passage de la page 25, indiqué par l'auteur des *Souvenirs*.

« Le même M. Damont, membre d'un Comité de bien-
» faisance, Bélanger, architecte de M. le comte d'Ar-
» tois (Charles X), et M. Prousteau de Mont-Louis,
» lieutenant de l'amirauté, qui, par la nature de leurs
» fonctions avaient eu l'occasion de voir le Dauphin, à
» la cour, aux Tuileries, et qui, depuis le 9 thermi-
» dor, avaient rempli les fonctions de commissaire au
» Temple, *à différentes époques*, ont laissé des notes
» qui constatent également l'*identité* de Louis XVII. » *

Il n'y a point, assurément, dans cet alinéa, un seul mot d'où l'on puisse inférer que j'aie nommé M. de Mont-Louis comme ayant été présent à l'autopsie, ou pour avoir vu le jeune prince après sa mort. Mais, il en résulte évi-

---

* Ce même passage se trouve aussi dans l'écrit publié en 1831, et qui a pour titre : *L'Enlèvement et l'existence actuelle de Louis XVII démontrés chimériques;* chez Ducollet, libraire.

demment, ainsi que des observations qui pré-
cèdent, que je n'ai jamais invoqué son témoi-
gnage, (d'après ses notes que j'ai conservées),
que comme ayant, le jour de ses fonctions au
Temple, reconnu dans le prisonnier qui lui
était confié, le fils de Louis XVI; et, ce qui
est à remarquer, ces mêmes notes m'ont servi à
constater dans plusieurs autres endroits, l'état
déplorable où d'indignes traitemens et la ma-
ladie avaient réduit le jeune prince.

Il y a plus; je porte le défi à qui que ce soit
de montrer dans les *Mémoires historiques*, ou
dans aucun autre de mes écrits, rien qui
puisse prêter à l'interprétation que l'auteur des
Souvenirs en voudrait faire à l'appui de son
système.

Mais, dira-t-on, cet écrivain n'a donc pas
« lu et médité » le passage qu'il s'est avisé de
critiquer?

Pour prononcer sur cette question, il suffit
de considérer que l'auteur des *Souvenirs*, s'est
persuadé que le personnage qu'il a vu en 1824,
est Louis XVII, que ce prince est toujours existant et qu'il ne voit rien qu'à travers le prisme
de cette opinion : c'est en lui une idée fixe. Et
qu'on ne pense pas que, comme il se l'est per-
mis à mon égard, j'avance un fait sans aucune

preuve; je dois la produire et, même, je la puiserai dans ses *Souvenirs* (page 34).

Il y rapporte que, discutant avec un de ses amis, « homme d'âge et d'expérience, » à qui il voulait faire partager ses illusions, son ami lui faisait des objections qui me semblent très-décisives, mais auxquelles cet écrivain trouvait des réponses, lorsqu'une circonstance inouïe, qu'il va raconter, lui-même et sérieusement, survint fort à propos pour favoriser ses raisonnemens et résoudre la question.

« J'allais poursuivre, dit l'auteur des *Souvenirs*, lorsque mon ami, qui commençait peut-être à trouver le terrain trop inégal, fut bien aise de saisir un prétexte pour mettre fin à cette discussion. Il m'interrompit en me faisant remarquer quelqu'un qui marchait à peu de distance de nous. C'était un homme de quarante-cinq à cinquante ans, fort et bien constitué : sa taille était moyenne, sa démarche à la fois vive et distinguée, son regard expressif et plein de feu. »—« Ma foi! me dit M***, » si vous étiez parvenu à me persuader que le duc de » Normandie eût survécu au 18ᵉ siècle, je voudrais me » le figurer tel que ce monsieur qui passe ici près. J'ai » vu bien souvent Louis XVI dans ma jeunesse; ses » traits sont encore parfaitement présens à mon souve-» nir : eh bien! le croiriez-vous? je retrouve dans cet » inconnu tout l'ensemble de sa personne; même tour-» nure, même expression dans la physionomie, même » air de bonté. En vérité, si le malheureux roi eût été

» moins rigide observateur des chastes lois de l'hymen,
» je gagerais volontiers que c'est un de ses............ »

— « N'achevez pas; C'EST SON FILS. »

Maintenant, qui pourrait « pousser le scepticisme jusqu'à ranger encore au nombre des idées chimériques celle de l'existence de Louis XVII ? »

A l'égard de la narration de ce qui s'est passé dans la matinée du 21 janvier 1793, elle a été rédigée, 1° d'après les pièces authentiques dont un extrait textuel se trouve ci-devant, pages 12 et suivantes.

En outre, M. Terrasse, dépositaire en chef de la section judiciaire des archives du royaume, ayant bien voulu me communiquer le dossier dans lequel elles sont classées, j'ai lu les originaux de ces pièces et de plusieurs autres et j'y ai puisé des renseignemens relatifs à ce qu'on appelait la *Conspiration de Batz, ou de l'Etranger* *.

2° Le rapport sur cette *Conspiration* fait à la Convention, par Élie La Coste, au nom des Comités de Salut public et de Sûreté générale,

---

* M. Terrasse m'a aussi donné en communication toutes les pièces du procès de la reine Marie–Antoinette, et j'y ai recueilli des notes qui m'ont servi à ce que j'en ai écrit dans les *Mémoires historiques* et dans la *Notice* sur le chevalier de Rongeville, connu par l'incident de l'œillet, à la Conciergerie.

le 26 prairial an II, (14 juin 1794), inséré dans le *Moniteur* du lendemain. Ce rapport fut réfuté, quelques mois après, par M. de Batz, relativement à des faits absurdes qui lui étaient imputés.

3° Des notes manuscrites de Senar, l'un des secrétaires rédacteurs du Comité de Sûreté générale pendant *la terreur* et mort le 10 mars 1796. Ces notes autographes, que je possède, ne se trouvent point dans ce qu'on a publié de ses *Mémoires*, en 1824.

4° Et pour différens détails j'ai consulté des Mémoires ou Journaux du temps, ainsi que des notes particulières qui m'ont été remises à l'époque même de l'événement, par des personnes dignes de foi.

Je finirai par une observation, c'est que les pièces officielles du Tribunal révolutionnaire sont irrécusables : ainsi, il est dérisoire de ne s'attaquer qu'à une seule particularité qui, fût-elle inexacte, ce qui n'est point prouvé, ne peut altérer en rien la réalité et l'importance de l'action héroïque du baron de Batz.

ECKARD.

Imprimerie de LEFEBVRE, rue St-Guillaume, n° 9.